Junior Pérets

Un regard dans le passé pour un avenir meilleur

Couverture Canva : Text Overlay Black and White Photo Typography Book Cover
https://www.canva.com/design/DAExnE7jSrQ/BqXk-co_U1AlOKAPioLxbQ/edit
Edition Vision Biosphère
Voir la vie dans toutes ses possibilités
https://www.vision-biosphere.com/
ISBN : 978-2-9564693-9-1

Dépôt légal : Janvier 2022

Le Code de la propriété intellectuelle n'autorisant, aux termes des paragraphes 2 et 3 de l'article L.122-5, d'une part, que les « copies ou reproductions strictement réservées à l'usage privé du copiste et non destinées à une utilisation collective » et, d'autre part, sous réserve du nom de l'auteur et de la source, que les « analyses et les courtes citations justifiées par le caractère critique, polémique, pédagogique, scientifique ou d'information », toute représentation ou reproduction intégrale ou partielle, faite sans le consentement de l'auteur ou de ses ayants droit ou ayants cause, est illicite (article L.122-4).Cette représentation ou reproduction, par quelque procédé que ce soit, constituerait donc une contrefaçon sanctionnée par les articles L.335-2 et suivants du Code de la propriété intellectuelle. Nous rappelons donc que toute reproduction, partielle ou totale, du présent ouvrage est interdite sauf autorisation de l'Éditeur ou du Centre français d'exploitation du droit de copie (CFC-3, rue d'Hautefeuille-75006 Paris).

Du même auteur

Comment réussir avec les autres : les relations humaines comme une arithmétique

Les pouvoirs de la parole en public

La vie continue quel que soit votre passé

Comment passer du rêve à la réalité

Comment vivre dans un monde en crise

« *Nous avons trois options dans la vie. Nous pouvons être historiens, reporters ou futuristes.*

L'historien veut nous rappeler tout ce qui appartient au passé et tout examiner par ce filtre. Le reporter est vraiment attaché aux conditions et aux circonstances d'aujourd'hui. Le futuriste se concentre sur ce qui n'a pas encore été fait. Il dit qu'il y a encore beaucoup de choses à faire. Nous pouvons en faire plus. Il y a encore du potentiel à exploiter. » **Paul Martinelli**

Table des matières

Pourquoi j'ai écrit ?..1

La nostalgie...6

Le passé : un refuge dans l'insécurité.........9

Le passé : une prison..................................19

Le passé : un cimetière...............................23

Le passé : un rétroviseur............................27

Le passé : un repère 31

Un regard dans le passé pour un avenir meilleur..34

Allez de l'avant 37

Remerciements..42

Pourquoi j'ai écrit ?

La vie de l'homme sur la terre est constituée des périodes qui se succèdent, comprenant : un passé (déjà vécu), un présent (ce que nous vivons) et un futur (encore à vivre). Le futur devient après le présent, le présent deviendra après le passé. Mais le passé demeurera le passé. Il le restera pour toujours, quoi que l'on dise et qu'on fasse. Le passé peut être élogieux ou pas. Quand bien même nous vivons dans le présent, nous sommes les produits de notre passé. Dans le fond de l'être humain, il y a trois choses importantes : la mémoire (les choses enregistrées dans le passé), la vue (ce qui se passe actuellement) et la projection (ce qui concerne l'avenir). Mais la mémoire exerce une très grande influence sur les deux autres. Le passé a de l'influence sur nos vies. La perception que nous avons de nous-mêmes, celle que nous avons d'autrui et celle du monde, sont influencées par les souvenirs inscrits dans la mémoire.

Chacun de nous a son passé. Ce dernier exerce un pouvoir sur notre présent et notre avenir. En fonction de notre façon d'agir, réagir et de parler par rapport au passé, nous pouvons affirmer ceci :
- Le passé est l'un des plus grands instructeurs de la vie ;
- Sans passé, il est difficile de voir et de bâtir le futur et ;
- Le passé est dans la tombe, le présent est entre les mains, et le futur est dans les entrailles.

Chacun a une image qu'il donne à cette période de la vie. A travers ces images, nous pouvons voir l'avenir. Tout ce que vous êtes dans le présent est le résultat de votre passé. Ce que vous deviendrez dans l'avenir est déterminé par ce que vous faites dans le présent. En réfléchissant sur le passé, j'ai trouvé cinq images : refuge dans l'insécurité, prison, cimetière, rétroviseur et repère. Ces images vous permettent de comprendre votre présent et de voir votre avenir. Ces images sont en chacun de nous. Nous pouvons en être conscient ou pas. Cela peut se voir à travers ce que nous disons de notre passé. Parmi ces cinq images, il y a ceux qui détruisent notre avenir. Et d'autres nous permettent d'avoir un meilleur avenir.

Si en considérant votre passé et que vous n'avez plus envie de faire quoi que ce soit, cette réflexion vous sera utile. Dans la vie, rien n'est pas statique, tout est dynamique. Quel que soit ce qui vous est arrivé dans la vie en bien ou en mal, ou ce que vous avez gagné ou perdu, sachez que la vie est une continuité. Le but de cette réflexion est de montrer un nouvel horizon à ceux qui ont un passé qu'ils regrettent, et qu'ils trouvent meilleur que le présent, et de nous avertir pour que ne nous puissions pas regarder d'un mauvais œil le temps présent. Le passé est ce temps qui s'est écoulé jusqu'à aujourd'hui. Ce livre est destiné à vous aider à mieux vivre votre présent et voir l'avenir en grand. Il vous apporte un certain nombre d'informations. Comme l'a dit Don Miguel Ruiz : *"Une information ou une idée ne sont que des graines dans notre esprit. Ce qui va vraiment faire la différence, c'est l'action"*.

Voici nos motivations :
- Dale Carnegie a dit : *"Les idées les plus brillantes au monde sont sans valeur, si vous ne les partagez pas"*.
- Périclès a dit : *"Celui qui a des idées et ne sait pas les faire passer n'est pas plus avancé que celui qui n'en a pas"*.
- Rick Warren a dit : *"Si on ne parle pas d'une chose, on en perd le contrôle"*.
- Paul Arden a dit : *"Partagez tout ce que vous savez, vous apprendrez plus"*.
- L'important est de ne pas laisser les bonnes idées vous filer entre les

doigts. Une bonne idée peut changer le cours de votre vie et celle des autres, si vous savez la capter et ;
- Un livre peut renseigner et faire évoluer quelqu'un.

La nostalgie

Ceux qui ont eu un passé glorieux veulent y retourner mais ils n'en sont pas capables. Ils sont donc dans la nostalgie (du grec *nostoc* qui signifie retour). Elle vient lorsque le présent n'est pas à la hauteur du passé. C'est l'admiration permanente de son passé dans le présent. Lorsqu'on regarde ce que l'on a été et ce que l'on est, on a honte du temps présent. Tout cela détruit notre psychologie. On regrette, tout en exaltant ce qu'on a perdu. On ne peut rien faire avec ce qu'on a perdu. On est utile avec le reste. Vivre, c'est l'art d'employer le reste, a dit Daniel Kawata. On est tellement victime du passé qu'on ne voit pas une lueur d'espoir. Cela pousse à ruminer ses échecs.

On se plaint et accuse les autres. Certes, un homme qui gémit n'a pas ce qu'il désire. On se dit victime de son environnement et du contexte social, politique et religieux. Nous ne voyons pas toujours les possibilités qui nous sont offertes et grâce auxquelles nous pouvons faire de notre vie exactement ce que nous voulons qu'elle soit. Ce qui nous apparaît quelquefois comme un grave problème peut être vu comme une chance nouvelle à condition que nous arrivions à sortir des schémas de perception habituels.

Il existe une duperie qu'un jour on vivra le bonheur. Cette situation sera l'idéal pour le reste de la vie. Il y a de nombreuses personnes qui ont cru à cette duperie. Cette situation n'arrivera jamais. Les gens se sont mis à la recherche de cette situation. Ils se sont mis à poursuivre ce bonheur, engourdissant leur mal de vivre jusqu'à l'anéantissement avec des excès d'alcool, de tabac et de nourriture. Ils n'ont jamais découvert la véritable source du bonheur. De ce fait, votre bonheur ne dépend pas d'une situation, mais de vous-même. Cette nostalgie amène une mauvaise image de soi, la perte de l'identité. Le temps passé ne revient plus.

Le passé : un refuge dans l'insécurité

Un refuge est un lieu où l'on se retire pour échapper à un danger afin de se mettre à l'abri. Mais en ce qui concerne ceux qui utilisent leur passé pour s'y réfugier dans le présent, leur passé dans le présent les expose face au présent sans le savoir. Le présent, pour ces derniers, constitue une menace. C'est ainsi qu'ils s'abritent dans le passé sans pour autant avoir cette sécurité voulue. À l'époque, nous nous sommes limités à ce que tout ce qui a été demeurera : nous n'avons pas pensé à l'avenir ni à un autre genre de vie que nous avions. Lorsque j'étais à l'école primaire, j'enviais une Mercedes 190 parce qu'à l'époque elle faisait partie des plus belles voitures. Vers la fin de mes études universitaires, c'était la Mercedes ML. C'est ainsi qu'il est inutile d'être orgueilleux, parce que ce que l'on possède aujourd'hui sera démodé demain. C'est ainsi lorsqu'on a quelque chose. Il est nécessaire de penser à demain. On a cru que l'honneur demeurerait : l'honneur est comme un parfum dont l'usage est externe. C'est du poison lorsqu'on le boit, c'est ce qui engendre l'orgueil qui précède la chute lorsqu'on se laisse facilement manipuler par la flatterie. Il est difficile de cultiver l'humilité. On commence la recherche de la gloire, de l'approbation des autres. L'orgueil est l'un des grands dangers de l'homme. Ce qui conduit aux abus. On considère ce qu'on a vécu comme une fin en soi pendant que le temps s'écoule toujours. On a oublié que dans la vie rien n'est acquis pour toujours.

Le passé nous aide à projeter le futur, mais dans ce cas on le trouve meilleur que le présent. C'est ainsi que certains le trouvent meilleur et le réclament. On se réfugie dans le passé par peur et insécurité de l'avenir. Les difficultés et tous les maux de ce genre sont des périodes d'incertitude. On croit ne plus être apte maintenant en croyant que toutes nos capacités sont restées dans le passé. Raison pour laquelle on s'y réfugie. Un roi de la préhistoire a dit : « *Ne dis pas : comment se fait-il que les jours passés aient été meilleurs que ceux-ci, car ce n'est pas la sagesse qui te pousse à demander cela* ». Il n'y a qu'une seule manière de réfléchir au passé de façon utile et constructive : analyser posément nos erreurs, en tirer des leçons profitables, puis les oublier. Vivre, c'est agir. La tâche est immense, mais le salut est dans l'action.

La question est de savoir pourquoi beaucoup se réfugient dans le passé. Face à cette question, nous pouvons donner des réponses. Voici les quelques réponses trouvées face à la question de savoir pourquoi le passé devient un refuge :

- Nous n'avons pas su tirer les leçons révélées par le passé ;

- Le passé n'a pas servi à notre instruction dans le présent. Nous stagnons, pour un futur en danger ;
- Nous considérons le passé meilleur que le présent. Et comme une zone de confort. C'est-à-dire que nous nous sommes limités dans le temps passé pendant que tout est sujet au changement ;
- Nous n'avons pas eu un esprit ouvert à comprendre le temps : tous les hommes qui ont changé le cours de l'histoire en bien ou en mal avaient un esprit ouvert, c'est-à-dire qu'ils étaient prêts à comprendre les choses au-delà de ce qui se voit et aptes à apprendre. Ils ont cessé de se fier au cours normal des choses pour en comprendre les raisons profondes et voir déjà le changement à opérer. Il ne suffit pas d'avoir un esprit ouvert, il faut agir ;
- Nous voulons nous faire valoir pendant que la valeur n'est plus : c'est

comme un homme qui avait une veste le matin, et l'après-midi n'en a plus, mais il veut faire croire qu'il en avait une à ceux qui ne l'ont pas vu ;
- C'est lorsqu'on veut être dans le présent avec ce que l'on a perdu : lorsqu'on parle trop de son passé, on est accusé d'être morbide. Ce n'est pas regarder la vie du bon côté.

Le passé, un refuge dans l'insécurité : c'est un homme qui vit présentement dans des difficultés, qui pense et parle de son passé pour chercher à se sécuriser et se valoriser pendant qu'il se dévoile. Mais il ne nous est pas interdit de parler de notre passé. Il est nécessaire d'en parler comme d'un moment de la vie qui nous a inspirés et parce que notre expérience doit fournir des leçons aux plus jeunes pour leur éviter de la souffrance. Ce qui vous manque ne vous fait pas moins homme que les autres. Le jour où vous aurez ce qui vous manque, vous allez vous rendre compte qu'il y a encore d'autres choses dont vous avez besoin. Il y a plusieurs types de refuges : le présent, le futur, les études, l'argent… Un refuge dans l'insécurité : c'est tout état psychologique qui empêche l'homme d'être réaliste. Se réfugier dans le passé, c'est vous rendre inutile dans la société. C'est signer votre certificat de décès tout en demeurant physiquement vivant. Parce que toute votre vie est restée dans ce refuge du passé.

L'être humain a tendance à être obsédé par ses failles, ses défauts ou ses manques, à s'appesantir sur le décalage qui existe entre sa vie actuelle et celle qu'il souhaiterait, entre ce qu'il a accompli et ce qu'il aurait pu ou désirerait accomplir, entre l'individu qu'il est et la vision idéaliste de la personne qu'il devrait devenir à ses yeux. Nous nous plaignons de ce que nous avons perdu sans nous rendre compte de ce que nous avons. C'est la mentalité de victime. John C. Maxwell a dit : « *Une mentalité de victime incite toujours les individus à se focaliser sur ce qu'ils ne peuvent pas faire, au lieu de se concentrer sur ce qu'ils peuvent faire. C'est la recette parfaite pour avancer d'échec en échec. Notre façon de voir la vie devient erronée et irréaliste, nous incriminons les autres avec des tonnerres d'accusations et nous renonçons à choisir de contrôler notre vie, nous éliminons les opportunités de succès.* »

Daniel Katunda a dit : « *Les hommes aiment bien se concentrer sur ce qui leur manque, et ne considèrent pas ce qu'ils ont déjà. Et pourtant avec ce qu'ils ont déjà, ils peuvent acquérir ce qui leur manque.* » Ce sont nos idées reçues qui constituent les problèmes. Elles nous disent comment les choses doivent être d'une certaine manière. Lorsqu'il n'en est pas ainsi, nous croyons être défavorisés. Ce qui nous amène à penser au passé. Nous sommes atteints d'un sentiment d'insécurité de telle manière que nous voulons retourner dans le passé.

Lorsqu'on cherche à se sécuriser, on commence à avoir ou à chercher un bouc émissaire du passé par des phrases telles que : si je suis comme ceci, c'est à cause de telles ou telles circonstances. Ainsi, nous pouvons trouver toute sorte d'excuses pour rester dans notre médiocrité naturelle ou pour renoncer aux efforts que nous devons faire pour améliorer notre condition. Mais nous sommes les seuls responsables de tout ce qui nous arrive.

À la question de savoir pourquoi les gens ne nous considèrent pas par rapport à notre passé, quand bien même en Afrique, on dit : « *On ne finit pas d'avoir peur de la mue d'un serpent* » :

- Le monde a besoin du concret et d'avancer. Ce qui est passé peut nous aider dans le futur. Mais lorsqu'il n'en est pas ainsi, c'est inutile ;
- Le monde rend un culte à ceux qui ont atteint la réussite dans le présent et

nous nous émerveillons de leur style. Cela se voit par le média ;
- On considère un homme par rapport à son apport. On se souvient d'une personne à cause de deux choses : la solution apportée ou les problèmes causés ;
- On ne travaille qu'avec le présent.

Jean-Baptiste Sumbela a dit : « *Si tu ne construis pas un trône aujourd'hui, demain tu vas t'asseoir par terre* ». Le présent peut aveugler dans la mesure où on oublie ou on ne sait pas quel sera son futur. L'homme est toujours en quête d'une vie meilleure.

La plupart des gens, lorsqu'une personne utilise des propos les déconsidérant à leur égard en temps de crise ou position de faiblesse, évoquent leur passé : j'étais ceci, j'avais fait, aidé, contribué, etc. Ils se mettent sur la défensive pour se faire valoir. Que fera-t-on avec ce qui n'existe plus ?

Sur la défensive, l'objectif est de se sécuriser personnellement. Or ils dévoilent eux-mêmes ce que leur passé a été. Ils disent sans pour autant savoir que c'est leur propre honte. Ce sont des élèves (étudiants) brillants d'hier au chômage, les stars, vedettes, les autorités d'hier.

Le passé : une prison

Il y a ce que John C. Maxwell appelle la nostalgie des rétrogrades. C'est l'affliction des gens qui parlent continuellement du bon vieux temps. Ils parlent tout le temps du passé comme étant mieux que le présent. Ils ne voient que les bonnes choses du passé sans se souvenir ou sans vouloir se souvenir des mauvais moments. Comme le dit le dicton : « *Si les si et les mais étaient des friandises et des noisettes, nous aurions tous un joyeux Noël* ».

Le passé peut être une prison. Dans le sens où un prisonnier qui voit ses droits limités lorsqu'il est dans sa cellule ne cesse de penser à ce qu'il était capable de faire lorsqu'il était libre. C'est comme ça que beaucoup de personnes pensent leur vie. Elles croient que tout est resté dans leur vie passée. On dit souvent que le temps passé ne revient plus. Cessons donc de nous lamenter sur ce qui

« n'est plus », exploitons ce qui est disponible. Il est donc de votre intérêt de comprendre que votre lendemain n'est pas comparable à votre hier et que toutes les années qui passent ne sont pas passées avec tout ce que nous devons avoir. Car ce sont seulement les années qui sont passées, mais ce que vous devez avoir est encore à venir ou déjà avec vous. Celui qui est incapable de se défaire des blessures et des échecs antérieurs est prisonnier de son passé. Quel que soit votre présent difficile, vous pouvez rebondir.

Nombreux sont ceux qui croient que toutes leurs forces, aptitudes, capacités sont restées dans le passé. De telle manière qu'ils sont incapables de réagir face au pétrin actuel dans lequel ils se retrouvent. On se met plus à exalter ce que font les autres, ce qui n'est pas mal. Pendant qu'on sait ce qu'il faut faire, on ne veut pas ou on ne se sent pas ou plus capable. On a acquis la certitude que les autres sont plus capables que soi. On croit que c'est fini. C'est ici qu'il faut une chose, mais on ne veut pas en payer le prix. Lorsqu'on est prisonnier du passé, cela n'est qu'un effet. C'est ainsi qu'il y a un élément qui maintient captif. C'est avoir une image faussée de la réalité.

C'est l'homme lui-même qui se met dans la prison de son passé. Personne ne vous arrête. C'est vous-même qui limitez vos droits et devoirs. Ce qui peut vous faire sortir de cette prison, c'est d'accepter la réalité et de prendre courage. Vous pouvez vous en sortir à tout moment. La porte de cette prison ne s'ouvre pas de l'extérieur, que de l'intérieur. Vous avez toutes les clés avec vous pour sortir. C'est à vous de prendre la décision.

C'est ainsi aujourd'hui : nous avons un passé riche, un présent pauvre et un avenir incertain tant que nous sommes prisonniers du passé. Cette prison du passé se voit quelquefois par le refus de toute réforme, innovation et des nouvelles technologies. On veut que tout soit comme avant. Car nous sommes le produit de notre passé, mais nous ne pouvons pas en rester prisonniers bien qu'il renaisse avec son cortège d'émotions, a dit Rick Warren. La bonne nouvelle est que vous pouvez sortir de cette prison. Parce que tout dépend de vous. Quelqu'un a dit : « On peut vous emprisonner, mais on ne peut pas emprisonner votre pensée ». La première liberté découle de vos pensées.

Le passé : un cimetière

Selon le dictionnaire Larousse[1], un cimetière est un terrain où l'on enterre les morts. Lieu où se trouvent rassemblés des objets hors d'usage, des animaux morts : un cimetière de voitures. Le passé peut aussi être un cimetière. Vous connaissez certainement cet adage célèbre : « *Les endroits les plus riches de la terre sont les cimetières* ». C'est en cet endroit que vous trouverez des rêves qui n'ont jamais connu leur réalisation, des livres qui n'ont jamais été écrits, des inventions qui n'ont jamais vu le jour, tout simplement parce que leurs détenteurs n'ont pas cru qu'ils avaient quelque chose. La plupart d'entre nous avons une situation qui persiste d'année en année parce que nous pensons et croyons/sommes

---

[1] https://www.larousse.fr/dictionnaires/francais/cimeti%C3%A8re/16027

intimement convaincus que nous n'avons rien pour nous en sortir.

Il y a des gens qui sont vivants physiquement mais morts psychologiquement. Actuellement, ils vivent dans les difficultés. De la même manière qu'un mort ne peut plus rien faire, ils pensent qu'ils ne peuvent plus rien faire. Ils ont perdu espoir. Ils croient que tout est resté dans le passé. Leur tête est transformée en lieu où habitent deux mondes : « celui des morts et celui des pas tout à fait vivants » ou « un lieu et un temps de demi-mort ou si l'on veut de demi-vie ». Les gens qui ne font que penser au passé sont inactifs, presque morts dans le présent. Votre passé fait de vous un spectateur de la vie.

Vivre, c'est voir les possibilités qui s'offrent à nous dans le présent. S'il vous arrive d'avoir le sentiment que vous n'êtes pas ou plus capable dans le présent, c'est que le passé est pour vous un cimetière. Un être humain meurt le jour où il cesse de se sentir capable. Et son inhumation aura lieu après sa mort physique. Comprenez avec moi qu'il y a beaucoup de morts qui s'ignorent. Norman Cousin a dit : « *Dans la vie, la mort n'est pas la plus grande perte, c'est plutôt ce qui meurt en nous pendant la vie* ». Le passé cimetière, c'est cette mentalité de lâcheurs.

Dans ce lieu de morts-vivants, le découragement, le désespoir et l'abattement sont d'actualité. La vie stagne et face à cette stagnation, il y a pléthore d'arguments et d'alibis face à son incapacité.
Le retour à la vie ne se fait que par la prise de conscience de reprendre la connaissance. Personne n'a enterré votre vie. C'est vous-même. Tant que vous vivez, il y a de l'espoir. Cessez de croire que c'est fini pour vous après un échec, la perte d'un être cher, une crise, une perte d'emploi. Les difficultés ne doivent pas être synonymes de fin. Une difficulté est semblable à du citron. Si vous n'avez qu'un

citron, faites une citronnade. C'est de ce comportement que nous avons besoin. Le psychologue Alfred Adler a dit : « *Une des qualités les plus merveilleuses de l'homme est sa faculté à transformer un désavantage en avantage. Le bonheur n'est pas surtout fait de plaisir, il est surtout fait de victoires qui proviennent d'un sentiment d'accomplissement, d'un plus réalisé à partir d'un moins. L'essentiel dans la vie n'est pas la faculté de tirer profit de ses gains. N'importe qui en est capable. Ce qui importe vraiment, c'est de savoir profiter des pertes que l'on subit.* »

Le passé : un rétroviseur

Un véhicule possède des rétroviseurs pour permettre au chauffeur de voir en arrière. Ce sont deux petits miroirs qui aident à regarder dans cette direction en arrière. Mais on ne conduit pas en regardant en arrière lorsqu'on avance, et lorsqu'on fait marche arrière, la police de la circulation routière et la population interpellent parce qu'un véhicule sert à avancer et non à reculer. Il en est de même pour la vie de l'homme. Un véhicule fait souvent marche arrière lorsqu'il veut changer de direction. C'est la même chose pour nous : le passé doit nous servir pour changer de direction. Nous ne regardons le rétroviseur que pour virer ou effectuer un dépassement. Tout virage dans notre vie est le dépassement de notre passé.

Billy Graham a dit : « *Ne regardez pas le passé avec chagrin, il ne reviendra pas. Il n'y a qu'une seule manière utile et constructive de réfléchir au passé : analyser posément nos erreurs, en tirer les leçons profitables, puis oublier ces erreurs.* » Le président George Washington a dit : « *Nous ne devrions pas regarder en arrière, à moins que ce ne soit pour tirer des leçons utiles de nos erreurs passées et un avantage d'une expérience de vie chèrement payée* ».

Hal Elrod parle du « syndrome du rétroviseur ». Notre subconscient est équipé d'un rétroviseur à travers lequel nous revivons et recréons en permanence notre passé. Nous croyons à tort que nous sommes toujours la personne que nous étions. En nous référant aux limites de notre passé, nous empêchons notre potentiel actuel de s'exprimer.

Le pare-brise est plus grand que les rétroviseurs réunis. C'est que nous devons voir notre passé petit, mais notre futur en grand. Un véhicule a un pare-brise et des rétroviseurs. Cela veut dire que le pare-brise sert à voir grand ; c'est la vision. Les rétroviseurs nous servent de repères, nous indiquent d'où nous venons. Grâce à la capacité d'apprendre du passé, nous prenons espoir en l'avenir et agissons en confiance dans le présent. Les connaissances n'ont de valeur que dans leur utilisation. Lorsque vous conduisez, ce n'est pas mauvais de jeter un coup d'œil occasionnel dans le rétroviseur, mais vous ne devez pas y mettre toute votre attention, au risque de ne plus pouvoir avancer du tout. Vous ne devez pas vous concentrer sur hier et demain. Vous devez uniquement vous concentrer sur aujourd'hui. C'est le seul laps de temps où vous avez un certain contrôle. Car on ne peut pas changer hier et on ne peut pas s'appuyer sur demain, mais on peut choisir ce que l'on peut changer aujourd'hui. Charles Brown a dit : « *La vie est comme une chaise longue. Et sur le bateau de croisière de la vie, certains choisissent de placer leur chaise en arrière du bateau afin de regarder d'où ils viennent, d'autres positionnent leur transat à l'avant afin de bien voir où ils vont. La question est : où placez-vous votre transat ?* »

Le passé : un repère

Le passé nous sert de repère pour voir le chemin déjà parcouru jusqu'ici. Le passé est dans la tombe et il nous a aussi inspirés. Si nous ne savons pas où nous allons, au moins nous savons d'où nous venons. Chacun a ses expériences du passé. La vie est comme un long voyage avec beaucoup d'étapes. Pour les connaisseurs, on ne peut voyager qu'avec ce qui servira pendant le voyage. Le passé point de repère vous permet de faire le point sur votre vie. C'est analyser vos réussites et vos échecs passés. John C. Maxwell a dit : « Une vie sans analyse ne vaut pas la peine d'être vécue ».

Quels sont les éléments qui vous ont permis de réussir ou d'échouer ? Il vous permet aussi de tirer des leçons de ce qu'ont été votre vie et celle des autres. Cette considération du passé nous apporte une nouvelle vision de la vie. À ce stade, nous ne prenons pas seulement de bonnes décisions et nous ne faisons pas seulement de bons choix. Nous prenons des décisions et nous faisons des choix qui nous aident à avancer.

Il y a des changements qui s'opèrent. Lorsqu'on parle de changement, beaucoup de gens s'imaginent quelque chose d'énorme, de radical, mais un changement de vie décisif commence par de petites transformations en apparence anodines. Nous sommes ce que nous retenons sans cesse, a dit Aristote. Le changement est une porte qui ne s'ouvre que de l'intérieur, comme disait Tom Peters. Ne jamais rester dans l'attente et la passivité. Tout est changement, non pour ne plus être, mais pour devenir ce qui n'est pas encore, selon Epictète. John C. Maxwell a dit : « *La plupart des changements que j'ai apportés dans ma vie sont le fruit d'une bonne réflexion sur un sujet. Changer peut être difficile, mais cela devient plus aisé lorsqu'on le fait petit à petit.* »

Nous avons aussi le devoir de nous améliorer sans cesse. Cette amélioration passe par l'acquisition de nouvelles connaissances. Nous sommes dans l'obligation d'acquérir de nouvelles connaissances, de nous réinventer sans cesse, a dit Stephen R. Covey. L'humilité vous rendra un grand service. Elle conduit à reconnaître ses erreurs et l'apport des autres dans votre vie. Face à une erreur, l'humilité dit : « Je me suis trompée ». L'orgueil n'acceptera pas et dira : « C'est la faute de l'autre ». Une chose : ne dormez pas sur vos lauriers. La vie sur terre n'est pas un long fleuve tranquille. Pensez à vous lorsqu'il le faut.

Un regard dans le passé pour un avenir meilleur

Un regard dans le passé pour un avenir meilleur, c'est une réflexion qui nous permet de comprendre que ce que nous deviendrons et ce que nous sommes est le résultat de notre passé. Comme nous le savons tous on ne récolte que ce que l'on a semé. Si vous voulez un meilleur avenir tout commence aujourd'hui. Si vous voulez savoir celui que vous deviendrez dans les années à venir, tout dépendra de ce que vous faites maintenant. Aussi, quelqu'un a dit : ce à quoi on accorde plus du temps, on finit par le devenir. Ce que vous êtes aujourd'hui est le résultat de ce que vous avez fait jusqu'à hier. Si vous voulez un meilleur avenir, c'est le moment d'évaluer votre vie. Quels sont les éléments qui vous permettront de réussir ou d'échouer ? Il est nécessaire de valoriser les acquis avant de faire de projection pour l'avenir. Pour un meilleur avenir le seul paramètre que vous maîtrisez c'est vous-même, disait Dale Carnegie. Tout ce que vous deviendrez commence aujourd'hui. Et aujourd'hui deviendra le passé. En fait, nos actes d'aujourd'hui deviendront avec le temps, le passé. Nous pouvons déjà voir l'avenir. Si vous n'avez pas semé, ne vous attendez pas à une récolte. A moins de semer aujourd'hui. Je ne suis pas pessimiste, mais possibiliste. Ma philosophie de vie, c'est voir la vie dans toutes ses possibilités (Vision Biosphère).

L'avenir ne se construit pas dans le passé, mais dans le présent. Un regard dans le passé pour un avenir meilleur dépend de l'image que nous avons de celui-ci. Est-ce que c'est un cimetière, une prison ou un refuge dans l'insécurité. Ces trois images du passé détruisent déjà l'avenir. Parce qu'elles nous maintiennent dans l'inertie. Mais le passé vu comme un point de repère ou un rétroviseur nous dynamise et nous montre ce que nous devons améliorer pour un meilleur avenir. La vie n'a pas de brouillon. Pour un homme sage, hier est mort, demain est une vue de l'esprit, la véritable vie c'est celle qu'il y a sous mes pieds, c'est donc l'instant présent. Le synonyme du mot présent, c'est « cadeau » ; l'instant présent est donc un cadeau et mérite toute notre attention. Ce que vous construirez dans l'avenir, ne fera que reproduire en détail ce que vous imaginez aujourd'hui. Le futur n'est qu'une extension du présent a dit Dale Carnegie.

Allez de l'avant

Le seul moment que vous pouvez contrôler est maintenant. Vous ne pouvez pas changer hier. Vous ne pouvez pas contrôler demain. Mais vous pouvez choisir ce que vous faites aujourd'hui, dans l'objectif que ces choix rendent les choses meilleures demain, a dit John C. Maxwell. Marc Aurèle, l'empereur romain, a écrit : « *Ce qui importe, c'est le présent, ce n'est ni le futur ni le passé qui te sont à charge, mais le présent* ». Votre passé peut vous servir de point de repère et de rétroviseur. Si nous voulons aller de l'avant, dans la vie, il n'y a pas de point mort. Nous devons vivre pour ce que nous devons avoir et non ce que nous avons perdu. Comme l'a dit Angela Gardener : « *Vivez pour ce que demain a à vous offrir et non pour ce qu'hier vous a enlevé* ». Quelqu'un a dit : « *La rivière ne coule jamais vers l'arrière. Elle va toujours en avant. Vis comme la rivière. Oublie ton passé et concentre-toi sur ton avenir. La vie est devant toi. Les soupirs regardent en arrière dans le passé, la peur regarde aux alentours. Mais l'espoir regarde devant.* » Le bonheur n'appartient pas au passé. Le meilleur n'est pas derrière, mais devant et maintenant.

Ne restez pas prisonniers des circonstances passées. Ceux qui ont atteint leurs objectifs aujourd'hui ont eu un point de départ. N'attendez pas. Le secret pour avancer, c'est de commencer. Un long voyage commence par le premier pas. Comme l'a dit Jim Rohn : « *Il n'y a rien que vous et moi puissions faire pour corriger le passé. Le passé est mort. Mais vous pouvez en faire beaucoup pour votre avenir. Vous n'avez pas à être la personne que vous étiez hier. Changement étonnant dans un très court laps de temps. Vous pourrez même voir se produire des changements dont vous ne soupçonnez pas l'existence aujourd'hui, si seulement vous vous en donnez la chance.* » Hal Elrod a dit : « *La vie la plus extraordinaire que vous puissiez imaginer vous est accessible, quel qu'ait été votre passé* ».

Si vous voulez aller de l'avant, prière de prendre vos responsabilités. Peter Lowe a dit : « *J'ai découvert que les personnes qui réussissent ont un point commun. Elles ont vaincu la tentation d'abandonner. Tout le monde veut avancer, mais les gens veulent des miracles. Ils ne veulent pas le processus.* » Carl Sandberg aborde dans le même sens en disant : « *Il y a en moi à la fois un aigle qui aspire à s'élever dans les airs et un hippopotame qui souhaite se rouler dans la boue. Si vous voulez avancer, le devoir est de suivre le désir de s'élever plutôt que celui de se vautrer dans la boue.* »

Il y a des gens qui ne cessent de vouloir chercher à retourner dans le passé. Parce qu'ils le trouvent mieux. Il y en a d'autres qui ont des remords de cette période. Mark Twain a dit : « *Faites des projets dans l'avenir. C'est là que vous allez passer le reste de votre vie.* » On s'habille en fonction de là où l'on va. Mais le passé comporte un autre problème, et c'est exactement l'inverse.

Maintenant que vous êtes à la fin de ce livre, ce qui vous reste à faire, c'est agir. Sans action, vous n'avancerez pas. Après la connaissance, c'est l'action. Don Miguel Ruiz nous encourage : « *Être dans l'action, c'est vivre pleinement. L'inaction est notre manière de nier la vie. L'inaction, c'est rester assis devant la télévision chaque jour pendant des années, parce que vous avez peur d'être vivants et de prendre le risque d'exprimer qui vous êtes. C'est passer à l'action que d'exprimer qui vous êtes. Vous pouvez avoir beaucoup de grandes idées dans votre tête, mais ce qui fait la différence, c'est le passage à l'acte. Agir, c'est être vivant. C'est prendre le risque de sortir de votre coquille et d'exprimer votre rêve.* » Si vous ne passez pas à l'action après la lecture de ce livre, il ne vous a pas rendu service.

Enfin, Paul Martinelli a dit : « *Nous avons trois options dans la vie. Nous pouvons être historiens, reporters ou futuristes. L'historien veut nous rappeler tout ce qui appartient au passé et tout examiner par ce filtre. Le reporter est vraiment attaché aux conditions et aux circonstances d'aujourd'hui. Le futuriste se concentre sur ce qui n'a pas encore été fait. Il dit qu'il y a encore beaucoup de choses à faire. Nous pouvons en faire plus. Il y a encore du potentiel à exploiter.* »

Remerciements

Je remercie ici :
Cristina Maria Pereira pour tout son amour à mon égard.

Jean Paul Babungu, Kabeya Mwembia, Berto Y. Malouona Nzouzi et Evanhove Madzou qui m'accompagnent dans ce métier passionnant.

Ma famille, le nid à partir duquel j'ai fait mes premiers pas et pris mon envol.

Tous ceux qui m'encouragent et me découragent. Que tous ceux qui se reconnaîtront dans leur contribution à cette œuvre trouvent par ces mots l'expression de ma profonde gratitude. J'ai écrit avec vous. Je vous remercie aussi. Je ne saurais pas être plus explicite et plus certain dans le choix de mes mots.